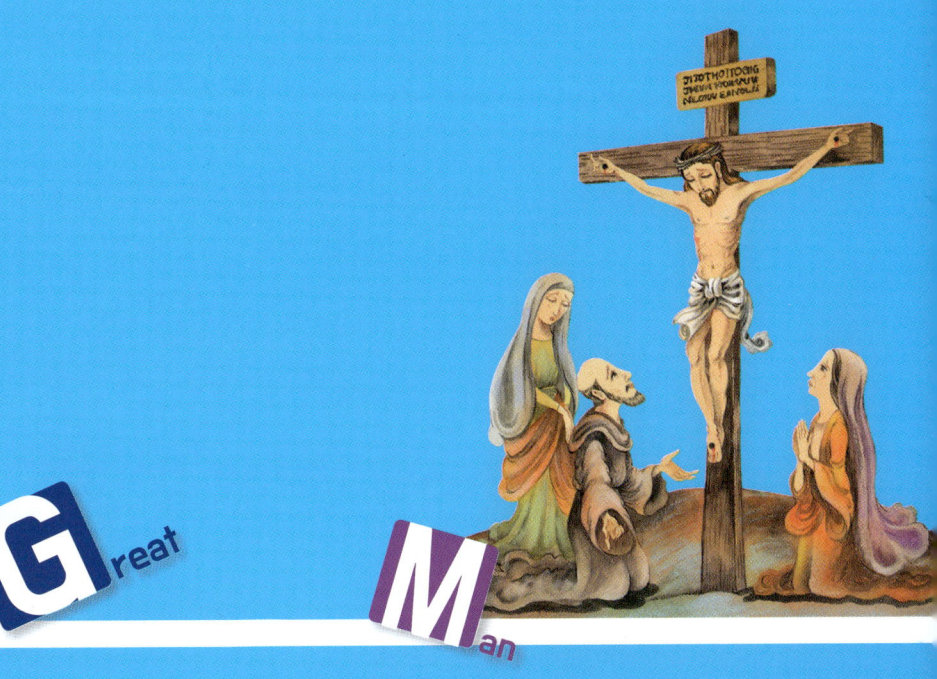

Theme **G**reat **M**an

예수 # 기적 # 구세주 # 십자가 # 부활

글쓴이 임헌무
충남대학교 국어국문학과를 졸업했으며, 《광주문학》으로 등단하여 시를 쓰고 있습니다. 작품으로는 〈별을 기다리며〉, 〈참, 그렇구나〉, 〈푸르게 푸르게〉, 〈빌 게이츠〉, 〈안창호〉, 〈퀴리 부인〉 등이 있습니다.

그린이 박현자
보이지 않는 세계를 지향하고, 철학적 개념을 넣은 신비주의 그림과 환상적인 그림을 즐겨 그리는 프리랜스 일러스트레이터입니다.

펴낸이 김준석　**펴낸곳** 교연미디어　**편집 책임** 이영규　**리라이팅** 이주혜　**디자인** 이유나　**출판등록** 제2022-000080호　**발행일** 2023년 2월 15일
주소 서울시 관악구 법원단지 16길 18 B동 304호(신림동)　**전화** 010-2002-1570　**팩스** 050-4079-1570　**이메일** gyoyeonmedia@naver.com

*이 책에 실린 글과 그림의 무단 복제 및 전재를 금합니다.

【사랑과 평화를 가르쳐 준 위인들】

예 수

-인류 구원 이야기-

임헌무 글 | 박현자 그림

이스라엘

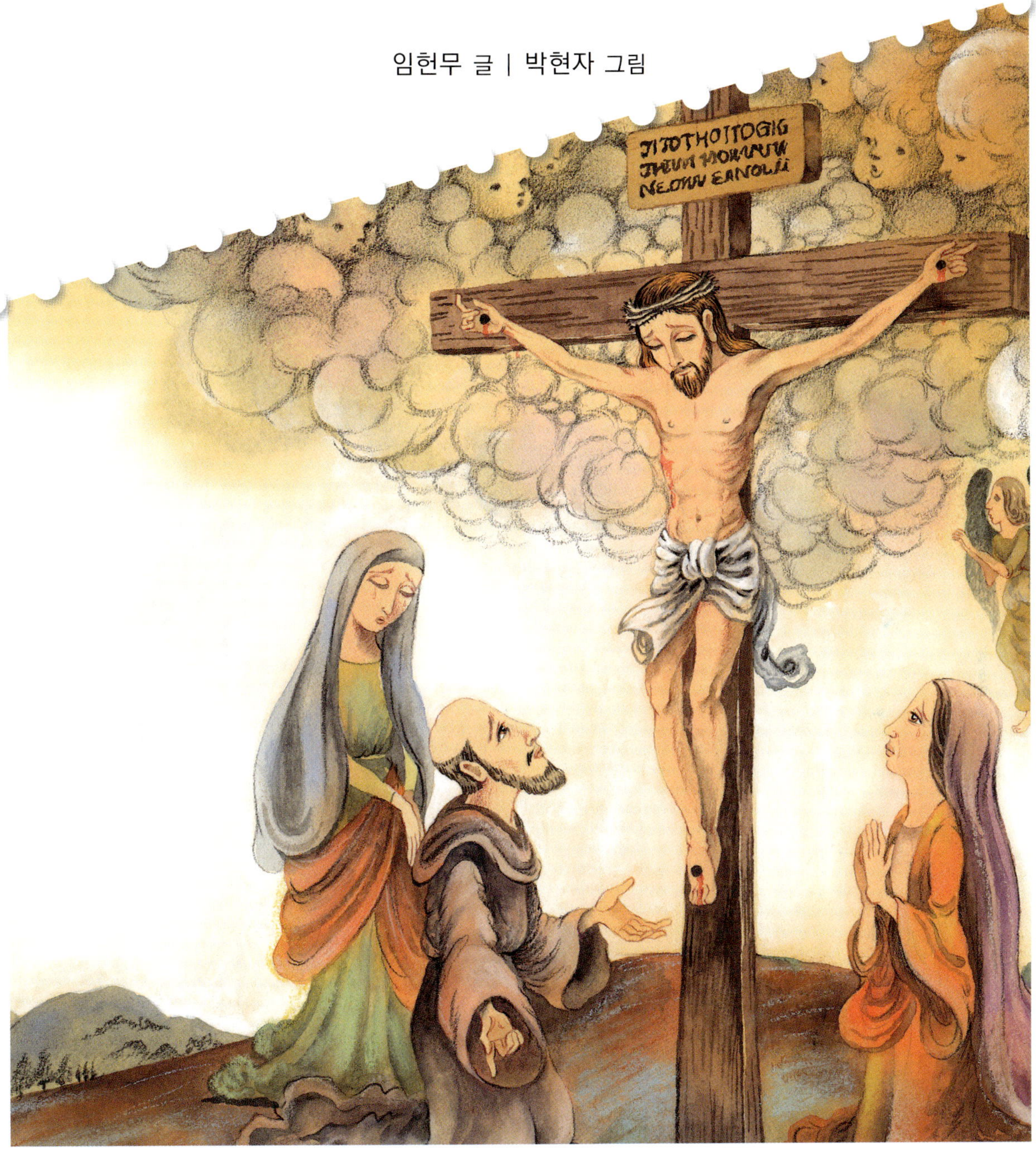

어느 추운 겨울 밤,
예루살렘 남쪽에 있는 *베들레헴 성 밖의 들판에서
목동들이 양 떼를 지키고 있었어요.
그때 갑자기 한 목동이 하늘을 가리키며 소리쳤어요.
"아니, 저게 뭐지?"
그곳에는 커다란 별 하나가 눈부시게 빛나고 있었어요.
목동들은 신비로운 현상에 두려운 마음이 들었어요.

예수가 태어난 베들레헴
베들레헴은 예수 그리스도가 탄생한 곳으로,
그리스도교의 중요한 순례지예요.

그때 빛 속에서 목소리가 들려왔어요.
"무서워하지 말라. 이 세상 모든 사람이 기다리던
기쁜 소식을 전하노라. 오늘 밤 베들레헴에
너희들을 위해 *구세주가 태어나셨다.
포대기에 싸여 *말구유에 누워 계신 분이
바로 너희의 구세주이시다."
"오, 하나님. 감사합니다."
*계시를 받은 목동들은 감사의 기도를 드렸어요.

*구세주는 '세상을 구원하는 자'란 뜻으로, 여기서는 예수를 말해요.
*계시는 사람의 지혜로는 알 수 없는 진리를 신이 깨우쳐 알게 하는 거예요.

말구유
말구유는 말먹이를 담아 주는 그릇이에요.

그 무렵, 요셉의 아내 마리아는
베들레헴의 한 마구간에서 사내아이를 낳았어요.
이 아이는 성령으로 *잉태된, 하나님의 아들 예수였어요.
이 소식을 듣고 달려온 동방의 박사들은 아기 예수에게
*경배한 뒤 황금, *유향, *몰약을 선물로 바쳤답니다.

*잉태는 아이를 가진다는 뜻이에요.
*경배는 경의나 공경의 뜻을 나타내기 위하여 공손히 절하는 거예요.

유향(왼쪽)과 몰약
유향과 몰약은 예전부터 약재로 쓰였으며,
당시 이와 같은 것은 구하기 힘든 귀중한
물건이었어요.

예수는 평범한 아이들처럼 무럭무럭 자랐어요.
사람들은 예수를 특별하다고 생각하지 않았어요.
다만 하나님을 정성껏 섬기는,
친절하고 상냥한 사람이라고 생각했을 뿐이었지요.

그 무렵, 세상에는 '요한'이라는
예언자의 이야기가 널리 퍼지고 있었어요.
사람들은 그를 '세례자 요한'이라고 불렀어요.
세례자란 '*세례를 주는 사람'이란 뜻이랍니다.

*세례는 물에 담그거나 씻어서 베푸는 기독교의 거룩한 의식이에요.

어느 날, 사람들에게 세례를 베풀고 있던 요한은
자신을 향해 걸어오는 예수를 보고 깜짝 놀랐어요.
"제게도 세례를 베풀어 주십시오."
예수가 요한에게 말했어요.
"어찌 저에게 세례를 받으려 하십니까?
오히려 당신께서 세례를 베푸셔야 합니다."
요한은 당황하며 예수를 말렸어요.
"아닙니다. 제게 세례를 베풀어 주십시오.
저도 세례를 받고 싶습니다."
결국 요한은 예수에게 세례를 베풀어 주었어요.

안드레아 델 베르키오와
레오나르도 다 빈치가
그린 〈그리스도의 세례〉

세례가 끝나자 어디선가 하얀 비둘기 한 마리가 날아와
예수의 어깨 위에 사뿐히 내려앉았어요.
그리고 곧이어 하늘에서 소리가 들려왔지요.
"너는 내가 사랑하는 아들이다."
그러자 요한이 사람들에게 큰 소리로 외쳤어요.
"이분이야말로 구세주이며, 하나님의 아들이십니다!"
요한의 말에 사람들은 예수를 향하여 "구세주!"라고 외쳤어요.
하지만 예수는 이에 *동요하지 않고 조용히 그곳을 떠났답니다.

*동요는 마음이나 상황 따위가 흔들리는 거예요.

예수는 홀로 *광야로 들어갔어요.
그리고 40일 동안 아무것도 먹지 않고 기도를 하였지요.
그 후 마귀에게서 세 가지 *유혹을 받았어요.
"네가 정말 구세주라면 돌을 빵으로 만들어 보아라."
"사람은 빵이 아니라, 하나님의 말씀으로 사는 것이다."
두 번째는 예루살렘 성전 꼭대기에서 뛰어내려 보라고 하였어요.
"네가 정말 하나님의 아들이라면 하나님이 지켜주시겠지."
그러자 예수는 단호한 목소리로 말했어요.
"주님이신 하나님을 시험하지 말라."
세 번째로 마귀는,
"내 앞에 절을 하면 온 세상을 네게 주겠다."고 하였어요.
그러자 예수는,
"주님이신 하나님을 경배하고 그분만을 섬기라."고 하며
거절하였답니다.

*광야는 아득하게 너른 텅빈 들이에요.
*유혹은 꾀어서 좋지 않은 길로 이끄는 거예요.

어느 날, 예수는 가나의 혼인 잔치에 가게 되었어요.
그런데 포도주가 떨어지고 말았지 뭐예요.
"마당에 있는 빈 항아리에 물을 가득 채우시오."
예수가 하인들에게 말했어요.
하인들이 항아리에 물을 가득 채우자
예수가 다시 말했어요.
"그 물을 떠서 손님들에게 갖다 주시오."
하인들은 물을 떠서 손님들에게 갖다 주었어요.
그러자 신기한 일이 일어났어요.
"정말 맛있는 포도주로군."
여기저기서 사람들의 칭찬이 쏟아진 거예요.
이 일이 바로 예수가 첫 번째로 행한 *기적이랍니다.

*여기서 기적은 신의 힘으로 이루어진 이상하고 놀라운 일이라는 뜻이에요.

그 뒤, 예수는 열두 제자를 데리고 이곳저곳을 다니면서
사람들에게 하나님의 말씀을 전하며 기적을 행하였어요.
하루는 수많은 사람들이 모여 예수의 말씀을 듣고 있었어요.

어느덧 날이 저물자 여기저기서 '꼬르륵' 소리가 들려왔어요.
"아유~ 배고파."
"누구 먹을 거 가지고 있는 사람 없어요?"
사람들이 가진 것이라곤 떡 다섯 개와 물고기 두 마리뿐이었어요.
예수는 그 *오병이어를 가지고 몇 천 명의 사람들이
배불리 먹고도 남을 만큼의 음식을 만들어 냈답니다.

*오병이어(五餅二魚)의 기적은 예수가 일으킨 기적 중의 하나로,
 다섯 개의 떡과 두 마리의 물고기로 5천 명의 사람들을 먹였다는 일화예요.

유대교의 성지, 예루살렘
유대교는 오직 하나의 신인 여호와를 믿는 유대인의 종교예요.

예수의 인기가 점점 높아지자 *유대교 사람들은 못마땅해했어요.
그래서 사람들이 더 따르기 전에 예수를 죽이기로 했지요.
예수는 자신이 곧 죽을 것을 알고
열두 제자를 불러 마지막 *만찬을 베풀었어요.
"너희들 중에 나를 *배반한 사람이 있다."
"말도 안 됩니다. 대체 누가 당신을 배반했다는 것입니까?"
예수의 말에 모두들 고개를 갸웃거렸어요.
단 한 사람, 예수를 배반한 가룟 유다만 빼고요.
가룟 유다는 은화 30개를 받고 예수를 대제사장에게 팔아넘겼답니다.

*만찬은 손님을 청하여 함께 먹는 저녁식사예요.
*배반은 믿음을 지켜야 할 대상을 등지고 저버리는 거예요.

이후 예수는 감람산으로 올라가 기도했어요.
기도를 끝낸 예수가 제자들에게 말했어요.
"너희들은 오늘 밤, 모두 나를 버릴 것이다."
그때 병사들이 칼과 창을 들고 올라왔어요.
그 앞에는 배반자 가룟 유다가 서 있었지요.
"선생님, 안녕하십니까?"
가룟 유다가 예수에게 다가가 입을 맞추자,
병사들은 우르르 몰려들어 예수를 잡아갔어요.
이 입맞춤은 예수를 가리키는 신호였던 거예요.
결국 예수는 십자가에 못 박혀 죽었답니다.
예수는 죽기 전까지 사람들을 위해 기도했어요.
"하나님 아버지, 부디 저들을 용서하여 주십시오!"

대구 계산성당 앞에 세워진 십자가에 못 박힌 예수상
십자가는 고대 로마인들이 범죄자를 처형할 때 사용하던 도구로, 예수 그리스도의 고통과 죽음을 나타내는 상징으로 알려져 있어요.

예수는 죽은 지 사흘째 되던 날, 다시 살아났어요.
"나는 항상 너희들과 함께 있을 것이다.
너희들은 가서 사람들에게 나의 가르침을 전하라."
예수는 제자들에게 이렇게 말한 후, 하늘로 올라갔답니다.

예수

따라잡기

기원후 (A.D.) 1년 (추정)

예수의 탄생일은 정확한 날짜를 알 수 없으나 기독교의 초기 주교들이 말한 12월 25일을 성탄절, 즉 크리스마스로 기념하고 있어요.

오늘날 세계에서 공통적으로 사용하는 연호인 서력기원은 예수가 태어난 해로 추정되는 시점을 기원으로 하며, 예수가 태어나기 이전은 기원전(B.C.)이라고 한답니다.

예수는 베들레헴에서 태어나, 나사렛에서 성장하였어요.

12세 때 예루살렘 성전에서 유대교의 랍비들과 율법에 대하여 이야기를 나누었는데, 그의 지혜에 모두들 놀랐다고 해요.

그 뒤 목수 일을 배우다가 나사렛을 떠났어요.

세례자 요한에게 세례를 받은 후, 홀로 광야로 들어가 40일 동안 금식 기도를 한 뒤 마귀에게서 세 가지의 유혹을 받았어요.

이후 여러 곳을 돌아다니며 제자들을 가르치고, 사람들에게 하나님의 말씀을 전하였으며, 놀라운 기적을 행하였어요.

자신의 죽음이 임박한 것을 안 후, 제자들과 최후의 만찬을 행하였으며, 제자들 중 한 명이 자신을 팔아넘길 것이라고 예언하였어요.

가룟 유다의 배반으로 체포된 후, 십자가에 달려 죽음을 맞이했어요.

기원후 33년

죽은 지 사흘 만에 다시 살아나 열두 제자를 축복하고 하늘로 올라갔어요.

예 수
연관검색

예수의 탄생을 축하하는 성탄절

아름답게 장식된 크리스마스 트리

매년 12월 25일은 '크리스마스(Christmas)'라고 불리는 성탄절이에요. 성탄절은 예수 그리스도의 탄생을 기념하는 날로, 전 세계인이 함께 즐기는 축제의 날이랍니다. 가족 또는 친구들과 크리스마스 트리를 장식하고, 캐럴을 들으며, 선물을 나누면서 즐거운 시간을 보내지요.

죽음에 이른 지 사흘 만에 다시 살아난 예수를 기념하는 부활절

돌무덤(재현)

부활절(Easter)은 십자가에 매달려 죽은 예수 그리스도의 부활을 기념하는 날이에요. 부활절에는 흔히 새로운 삶을 상징하는 달걀을 먹는다고 해요.

유대인과 탈무드

예루살렘에 있는 유대교와 이슬람교의 성지, 통곡의 벽

유대인은 유대 지방에 기원을 둔 민족으로, 이스라엘에 많이 살고 있지만 이스라엘 국민이 모두 유대인인 것은 아니에요. 유대인은 예수를 위대한 선지자의 한 사람으로 생각하고 있어요. 즉, 예수를 훌륭한 랍비로 여기고 있대요. 랍비는 '나의 선생님'이라는 뜻으로, 유대교의 현인을 뜻하는 말이에요. 《탈무드》는 유대교의 율법, 윤리, 철학, 관습, 역사 등에 대한 랍비의 생각을 기록한 문헌으로, 유대인들은 이 책을 교육의 기본으로 삼고 있답니다.

PHOTO ALBUM

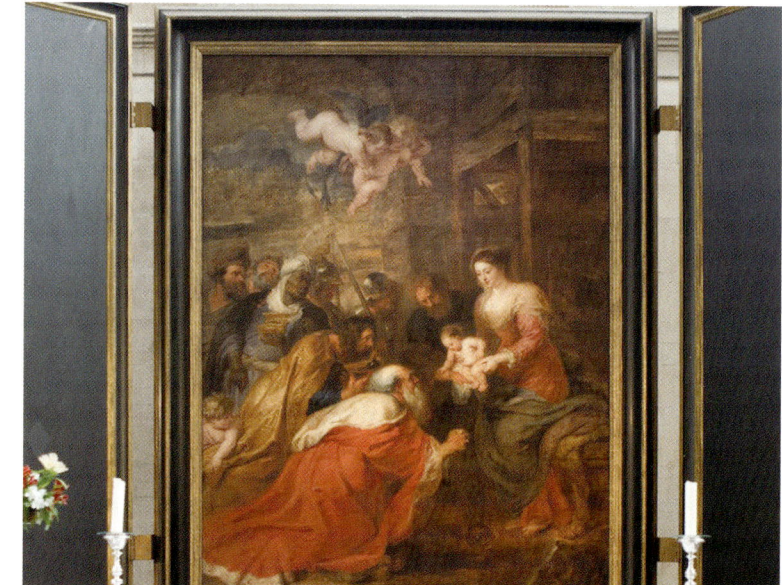

피에로 델라 프란체스카가 그린 〈예수의 세례〉

페테르 파울 루벤스가 그린 〈동방박사들의 경배〉

베들레헴 예수탄생교회 바닥에 있는 예수 탄생 지점을 가리키는 별

예수가 자란 나사렛

예수가 기적을 행했던 갈릴리 바다

예 수

사진첩

감람산에 있는 예수승천교회

예수가 올랐던 감람산

예수가 십자가에 못박힌 골고다 언덕에 있는 성묘교회

서울 명동성당의 성모 조각상

예수 그리스도의 죽음을 슬퍼하는 성모 마리아를 표현한 미켈란젤로의 〈피에타〉

브라질 리우데자네이루에 있는 예수의 조각상